ALCESTE
OU
LE TRIOMPHE
D'ALCIDE,
TRAGEDIE.

Représentée devant Sa Majesté à Fontainebleau le   jour d'Aoust 1677.

A PARIS,
Par CHRISTOPHE BALLARD, seul Imprimeur
du Roy, pour la Musique, ruë Saint Jean
de Beauvais, au Mont Parnasse.

M. DC. LXXVII.
Par exprés Commandement de Sa Majesté.

ACTEVRS
de la Tragedie.

ALCIDE. Monsieur Gaye.
LYCHAS. *Confident d'Alcide.* Monsieur Langeais.
STRATON. *Confident de Licomede.* Monsieur Morel.
CÉPHISE. *Confidente d'Alceste.* Mademoiselle de la Garde.
LICOMEDE. *Frere de Thetis, & Roy de l'Isle de Sciros.* Monsieur Godonesche.
PHERES. *Pere d'Admete.* Monsieur Gingan cadet.
ADMETE. *Roy de Thessalie.* Monsieur Clediere.
CLEANTE. *Escuyer d'Admete.* Monsieur Frizon.
ALCESTE. *Princesse d'Yolcos.* Mademoiselle Saint Christophle.
Pages & Suivans.
THETIS. *Nereide.* Mademoiselle Des-Fronteaux.
EOLE. *Roy des Vents.* Monsieur Pulvigny.
APOLLON. Monsieur le Roy.
DIANE. Mademoiselle Piesche.
MERCURE.

CHARON. Monsieur Morel.
LES OMBRES.
PLUTON. Monsieur Godonesche.
PROSERPINE. Mademoiselle Bony.
L'OMBRE D'ALCESTE.
ALECTON. Monsieur le Roy.

L'ACADEMIE ROYALE DE MVSIQVE, AU ROY.

LORIEVX CONQVERANT PROTECTEVR des beaux Arts, GRAND ROY, tournez sur moy Vos Augustes Regards.

Vne affreuse saison desole assez la Terre
Sans y mesler encor les horreurs de la Guerre;
Tandis qu'un froid cruel despoüille les buissons,
Et des Oyseaux tremblants estouffe les chansons,
Escoutez les Concerts que mon soin vous prepare:

Des fidelles Amours je chante la plus Rare,
Et des Vainqueurs fameux j'ay fait choix entre tous
Du plus Grand que le monde ait connu jusqu'à Vous.

 Apres avoir couru de Victoire en Victoire
Prenez un doux relâche au comble de la Gloire;
L'Hyver a beau s'armer de glace & de frimas,
Lors qu'il vous plaist de vaincre il ne vous retient pas,
Et falût-il forcer mille Obstacles ensemble,
La Moisson des Lauriers se fait quãd bon vous semble.

 Pour servir de refuge à des Peuples ingrats
En vain un puissant Fleuve étendoit ses deux Bras,
Ses flots n'ont opposé qu'une foible barriere
A la rapidité de vostre Ardeur guerriere.
Le Batave interdit, apres le Rhein dompté,
A dans son desespoir cherché sa seureté :
A voir par quels Exploits vous commenciez la guerre,
Il n'a point creu d'azile assez fort sur la Terre,
Et de Vostre Valeur le redoutable cours
L'a contraint d'appeller la Mer à son secours.
Laissez-le revenir de ses frayeurs mortelles,
Laissez-vous preparer des Conquestes nouvelles,
Et donnez le loisir pour soûtenir Vos Coups

D'armer des Ennemis qui ſoient dignes de Vous.
Reſiſtez quelque temps à Voſtre Impatience;
Prenez part aux douceurs dont vous comblez la
    France,
Et malgré la chaleur de Vos Nobles Deſirs,
Endurez le Repos & ſouffrez les Plaiſirs.

ACTEURS DU PROLOGUE.

LA NYMPHE DE LA SEINE. Mademoiselle Saint Christophle.

LA GLOIRE. Mademoiselle de la Garde.

DIEVX MARINS dançans. Messieurs Faüre & Magny.

DIEVX DES BOIS dançants. Messieurs Favier l'aisné, & Lestang.

LA NYMPHE DES THUILERIES. Mademoiselle Rebel.

NYMPHES DES THVILERIES dançantes. Messieurs Bonard & Noblet.

LA NYMPHE DE LA MARNE. Mademoiselle Ferdinand cadette.

Les Plaisirs chantants. Messieurs Rebel, Fernon l'aisné, Perchot, Aubert, le Roy, Deveslois, le Maire, Fernon cadet, Lanneau & Paisible.

Dieux des Bois chantants. Messieurs Estival, Bernard, Frizon, Moreau, Tiphaine, David, Pulvigny, Poyadon, Serignan, & le Cointre.

Deux Filles qui accompagnent le Chœur du Prologue. Mesdemoiselles Bony, & Ferdinand l'aisnée.

Hautbois. Les Sieurs Hotterre, Plumet, du Clos, & la Croix. Le Sieur Buchot. *Musette.*

La Scene du Prologue est sur les bords de la Seine, dans les Iardins des Thuileries.

LE RETOUR DES PLAISIRS.

PROLOGUE.

La Nymphe de la Seine appuyée sur une Urne.

LA NYMPHE DE LA SEINE.

E HEROS que j'attens ne reviendra-t'il pas?
Serai-je toûjours languissante
Dans une si cruelle attente?
Le HEROS que j'attens ne reviendra-t'il pas?
On n'entend plus d'Oyseau qui chante,
On ne voit plus de Fleur qui naissent sous nos pas.
Le HEROS que j'attens de reviendra-t'il pas?
L'herbe naissante
Paroist mourante,

B

PROLOGUE.

Tout languit avec moy dans ces lieux pleins d'appas.
Le HEROS que j'attens ne reviendra-t'il pas?
   Seray-je toûjours languissante
   Dans une si cruelle attente?
Le HEROS que j'attens ne reviendra-t'il pas?

   Quel bruit de guerre m'épouvante?
Quelle Divinité va descendre icy bas?

La Gloire paroist.

LA NYMPHE DE LA SEINE.

   Helas! superbe Gloire, helas!
   Ne dois-tu point estre contente?
Le HEROS que j'attens ne reviendra-t'il pas?
Il ne te suit que trop dans l'horreur des Combas;
Laisse en paix un moment sa Valeur triomphante.
Le HEROS que j'attens ne reviendra-t'il pas?
   Seray-je toûjours languissante
   Dans une si cruelle attente?
Le HEROS que j'attens ne reviendra-t'il pas?

LA GLOIRE.

Pourquoy tant murmurer? Nymphe, ta plainte
   est vaine,
Tu ne peux voir sans moy le HEROS que tu sers;
Si son éloignement te couste tant de peine,
Il recompense assés les douceurs que tu pers;
Voy ce qu'il fait pour toy quand la Gloire l'emmeine;

PROLOGUE.

Voy comme sa Valeur a soûmis à la Seine
Le Fleuve le plus fier qui soit dans l'Vnivers.

LA NYMPHE DE LA SEINE.

On ne voit plus icy paraistre
Que des Ornements imparfaits ;
Ah ! rends-nous nostre AUGUSTE MAISTRE,
Tu nous rendras tous nos attraits.

LA GLOIRE.

Il revient, & tu dois m'en croire ;
Ie luy sers de guide avec soin :
Puisque tu vois la Gloire
Ton HEROS *n'est pas loin.*

Il laisse respirer tout le Monde qui tremble ;
Soyons icy d'accord pour combler ses desirs.

LA GLOIRE ET LA NYMPHE DE LA SEINE.

Qu'il est doux d'accorder ensemble
La Gloire & les Plaisirs.

LA NYMPHE DE LA SEINE.

Nayades, Dieux des Bois, Nymphes, que tout
s'assemble.
Qu'on entende nos chants apres tant de soûpirs.

La Nymphe des Thuileries s'avance avec une Troupe de Nymphes qui dancent & chantent.

PROLOGUE.
LE CHOEUR.

Qu'il est doux d'accorder ensemble
La Gloire & les Plaisirs.

LA NYMPHE DES THUILERIES.

L'Art d'accord avec la Nature
Sert l'Amour dans ces lieux charmans :
Ces Eaux qui font resver par un si doux murmure,
Ces Tapis où les Fleurs forment tant d'ornements,
Ces Gazons, ces Lits de verdure,
Tout n'est fait que pour les Amants.

La Nymphe de la Marne Compagne de la Seine vient chanter au milieu d'une troupe de Divinitez de Fleuves qui témoignẽt leur joye par leur dance.

LA NYMPHE DE LA MARNE.

L'Onde se presse
D'aller sans cesse
Iusqu'au bout de son cours :
S'il faut qu'un cœur suive une pante,
En est-il qui soit plus charmante
Que le doux penchant des Amours ?

LA GLOIRE ET LA NYMPHE DE LA SEINE.

Que tout retentisse :
Que tout réponde à nos voix :

LA NYMPHE DES THUILERIES.

Que tout fleurisse
Dans nos Iardins & dans nos Bois.

PROLOGUE.
LA NYMPHE DE LA MARNE.

Que le chant des Oyseaux s'unisse
Avec le doux son des Haut-bois.

TOUS ENSEMBLE.

Que tout retentisse,
Que tout réponde à nos voix.
Que le chant des Oyseaux s'unisse
Avec le doux son des Haut-bois.
Que tout retentisse
Que tout réponde à nos voix.

Les Divinitez de Fleuves & les Nymphes forment une dance generale, tandis que tous les Instrumens & toutes les Voix s'unissent.

TOUS ENSEMBLE.

Quel Cœur sauvage
Icy ne s'engage?
Quel Cœur sauvage
Ne sent point l'amour?
Nous allons voir les Plaisirs de retour;
Ne manquons pas d'en faire un doux usage:
Pour rire un peu, l'on n'est pas moins sage.

※✿※

Ah quel dommage
De fuir ce rivage!
Ah quel dommage
De perdre un beau jour!

PROLOGUE.

Nous allons voir les Plaisirs de retour;
Ne manquons pas d'en faire un doux usage:
Pour rire un peu, l'on n'est pas moins sage.
Revenez, Plaisirs exilez;
Volez de toutes parts, volez.

Fin du Prologue.

ACTE PREMIER.

La Scene est dans la Ville d'Yolcos en Thessalie.

SCENE PREMIERE.

LE CHOEVR DES THESSALIENS, ALCIDE, LYCAS.

LE CHOEUR.

Ivez, vivez, heureux Espoux.

LYCHAS.

Vostre Amy le plus cher épouse la Princesse
La plus charmante de la Grece.
Lorsque chacun les suit, Seigneur, les fuyez-vous ?
LE CHOEUR.
Vivez, vivez, heureux Espoux.
LYCHAS.
Vous paroissez troublé des cris qui retentissent ?

Quand deux Amants heureux s'unissent
Le Cœur du grand Alcide en seroit-il jaloux ?
LE CHOEUR.
Vivez, vivez, heureux Espoux.
LICHAS.
Seigneur, vous soûpirez, & gardez le silence ?
ALCIDE.
Ah Lichas, laisse-moy partir en diligence.
LICHAS.
Quoy dés ce mesme jour presser vostre départ ?
ALCIDE.
J'auray beau me presser je partiray trop tard.
Ce n'est point avec toy que je pretens me taire ;
Alceste est trop aimable, elle a trop sceu me plaire
Vn autre en est aimé, rien ne flatte mes vœux,
C'en est fait, Admete l'épouse,
Et c'est dans ce moment qu'on les unit tous deux.
Ah qu'une ame jalouse
Esprouve un tourment rigoureux !
J'ay peine à l'exprimer moy-mesme :
Figure-toy, si tu le peux,
Quelle est l'horreur extresme
De voir ce que l'on aime
Au pouvoir d'un Rival heureux.
LICHAS.
L'Amour est-il plus fort qu'un HEROS *indomptable ?*
L'Vnivers n'a point eu de Monstre redoutable
Que vous n'ayez pû surmonter.
ALCIDE.

TRAGEDIE.
ALCIDE.

Eh crois-tu que l'Amour soit moins à redouter?
Le plus grand Cœur a sa foiblesse.
Je ne puis me sauver de l'ardeur qui me presse
Qu'en quittant ce fatal Sejour:
Contre d'aimables charmes
La Valeur est sans armes,
Et ce n'est qu'en fuyant qu'on peut vaincre l'Amour.

LICHAS.

Vous devez vous forcer, au moins, à voir la Feste
Qui déja dans ce Port vous paroist toute preste,
Vostre fuite à present feroit un trop grand bruit;
Differez jusques à la nuit.

ALCIDE.

Ah Lychas! quelle nuit! ah quelle nuit funeste!

LICHAS.

Tout le reste du jour voyez encore Alceste.

ALCIDE.

La voir encore?... he bien, differons mon départ:
Ie te l'avois bien dit, je partiray trop tard.
Ie vais la voir aimer un Espoux qui l'adore,
Ie verray dans leurs yeux un tendre empressement:
Que je vais payer cherement
Le plaisir de la voir encore!

SCENE SECONDE.

ALCIDE, STRATON, & LYCHAS
ensemble.

L'Amour a bien des maux, mais le plus grand de tous
　　C'est le tourment d'estre jaloux.

SCENE TROISIESME.

STRATON, LICHAS.

STRATON.

Lychas, j'ay deux mots à te dire.

LICHAS.

Que veux-tu ? parle, je t'entends.

STRATON.

Nous sommes amis de tout temps ;
Céphise, tu le sçais, me tient sous son Empire.
Tu suis par tout ses pas : qu'est-ce que tu pretens ?

LICHAS.

Ie pretens rire.

STRATON.

Pourquoy veux-tu troubler deux Cœurs qui sont contents ?

TRAGEDIE.
LICHAS.
Ie pretens rire,
Tu peux à ton gré t'enflamer;
Chacun a sa façon d'aimer;
Qui voudra soûpirer, soûpire,
Ie pretens rire.

STRATON.
I'aime, & je suis aimé: laisse en paix nos amours.

LICHAS.
Rien ne doit t'allarmer s'il est bien vray qu'on t'aime;
Un Rival rebutté donne un plaisir extresme.

STRATON.
Vn Rival quel qu'il soit importune toûjours.

LICHAS.
Ie voy ton amour sans colere,
Tu devrois en user ainsi:
Puisque Céphise t'a sceu plaire,
Pourquoy ne veux-tu pas qu'elle me plaise aussi?

STRATON.
A quoy sert-il d'aimer ce qu'il faut que l'on quitte?
Tu ne peux demeurer long-temps dans cette Cour.

LICHAS.
Moins on a de momens à donner à l'Amour
Et plus il faut qu'on en profite.

STRATON.
I'aime depuis deux ans avec fidelité.

C ij

ALCESTE.

Je puis croire, sans vanité,
Que tu ne dois pas estre un Rival qui m'alarme.

LICHAS.

J'ay pour moy la nouveauté,
En amour c'est un grand charme.

STRATON.

Céphise m'a promis un cœur tendre & constant.

LICHAS.

Céphise m'en promet autant.

STRATON.

Ah si je le croyois !... Mais tu n'és pas croyable.

LICHAS.

Croy-moy, fais ton profit d'un reste d'amitié,
Sers-toy d'un avis charitable
Que je te donne par pitié.

STRATON.

Le mépris d'un volage
Doit estre un assez grand mal,
Et c'est un nouvel outrage
Que la pitié d'un Rival.

Elle vient, l'Infidelle,
Pour chanter dans les Ieux dont je prens soin icy.

LICHAS.

Je te laisse avec elle,
Il ne tiendra qu'à toy d'estre mieux éclaircy.

SCENE QVATRIEME.

CEPHISE, STRATON.

CEPHISE.

Dans ce beau jour, quelle humeur sombre
Fais-tu voir à contre-temps ?

STRATON.

C'est que je ne suis pas du nombre
Des Amants qui sont contents.

CEPHISE.

Un ton grondeur & sévere
N'est pas un grand agrément ;
Le chagrin n'avance guere
Les affaires d'un Amant.

STRATON.

Lychas vient de me faire entendre
Que je n'ay plus ton cœur, qu'il doit seul y pretendre,
Et que tu ne vois plus mon amour qu'à regret.

CEPHISE.

Lychas est peu discret...

STRATON.

Ah je m'en doutois bien qu'il vouloit me surprendre.

CEPHISE.

Lychas est peu discret
D'avoir dit mon secret.

STRATON.

Côment!il est donc vray!tu n'en fais point d'excuse?
Tu me trahis ainsi sans en estre confuse?

CEPHISE.

Tu te plains sans raison ;
Est-ce une trahison
Quand on te desabuse?

STRATON.

Que je suis estonné de voir ton changement!

CEPHISE.

Si je change d'Amant
Qu'y trouves-tu d'estrange?
Est-ce un sujet d'estonnement
De voir une Fille qui change?

STRATON.

Aprés deux ans passez, dans un si doux lien,
Devois-tu jamais prendre une chaîne nouvelle.

CEPHISE.

Ne contes-tu pour rien
D'estre deux ans fidelle?

STRATON.

Par un espoir doux & trompeur,
Pourquoy m'engageois-tu dans un amour si tendre?
Faloit-il me donner ton cœur
Puisque tu voulois le reprendre?

TRAGEDIE.
CEPHISE.

Quand je t'offrois mon cœur, c'estoit de bonne foy
Que n'empesche-tu qu'on te l'oste?
Est-ce ma faute
Si Lychas me plaist plus que toy?

STRATON.

Ingrate, est-ce le prix de ma perseverance?

CEPHISE.

Essaye un peu de l'inconstance.
C'est toy qui le premier m'apris à m'engager,
Pour recompense
Ie te veux apprendre à changer.

STRATON & CEPHISE.

Il faut {aimer / changer} toûjours.
Les plus douces amours
Sont les amours {fidelles, / nouvelles,}
Il faut {aimer / changer} toûjours.

SCENE CINQVIESME.

LICOMEDE, STRATON, CEPHISE.

LICOMEDE.

Straton donne ordre qu'on s'apreste,
Pour commencer la Feste.

Straton se retire, & Licomede parle à Céphise.

Enfin, grace au dépit, je gouste la douceur
De sentir le repos de retour dans mon cœur.
I'estois à preferer du Roy de Thessalie ;
Et si pour sa gloire, on publie
Qu'Apollon autrefois luy servit de Pasteur,
Ie suis Roy de Scyros, & Thétis est ma Sœur.
I'ay sceu me consoler d'un hymen qui m'outrage,
I'en ordonne les Ieux avec tranquilité.
Qu'aisément le dépit dégage
Des fers d'une ingrate Beauté !
Et qu'aprés un long esclavage
Il est doux d'estre en liberté !

CEPHISE.

Il n'est pas seur toûjours de croire l'apparence :
Un Cœur bien pris, & bien touché,
N'est pas aisément détaché,
Ny si-tost guery que l'on pense ;

Et

TRAGEDIE.
Et l'Amour est souvent caché
Sous une feinte indifference.
LICOMEDE.
Quand on est sans esperance,
On est bien-tost sans amour.
Mon Rival a la preference,
Ce que j'aime est en sa puissance,
Ie pers tout espoir en ce jour :
Quand on est sans esperance
On est bien-tost sans amour.

Voicy l'heure qu'il faut que la Feste commence.
Chacun s'avance.
Preparons-nous.

SCENE SIXIESME.

LE CHOEVR, ADMETE, ALCESTE, PHERES, ALCIDE, LYCAS, CEPHISE, & STRATON.

LE CHOEUR.
Vivez, vivez, heureux Espoux.
PHERES.
Ioüissez des douceurs du nœud qui vous assemble.
ADMETE & ALCESTE.
Quand l'Hymen & l'Amour sont bien d'accord en-
semble,
Que les nœuds qu'ils forment sont doux!

D

LE CHOEUR.
Vivez, vivez, heureux Espoux.

SCENE SEPTIESME.

Les Matelots chantants & dançants forment une Feste tenant des chaisnes.

Les Matelots chantants. Messieurs Estival, Bernard, Frizon, Moreau, David, Poyadon, Perchot, Aubert, Serignan, Rebel, Fernon l'aisné, le Cointre, le Roy, Fernon cadet, Lanneau, & Paisible.

Matelots dançants. Messieurs Dolivet, Chicanneau, Joubert, Foignard cadet, Mayeux, Favier cadet, Foignard l'aisné, & Pezan.

Deux Demoiselles qui accompagnent la Feste Marine. Mesdemoiselles Bony, & Ferdinand l'aisnée.

DEUX MATELOTS.

Malgré tant d'orages,
Et tant de naufrages
Chacun à son tour
S'embarque avec l'Amour.
Par tout où l'on meine
Les Cœurs amoureux,
On voit la Mer pleine
D'Escueils dangereux,

TRAGEDIE.

*Mais sans quelque peine
On n'est jamais heureux :
Vne ame constante
Aprés la tourmente
Espere un beau jour.
Malgré tant d'orages,
Et tant de naufrages,
Chacun à son tour
S'embarque avec l'Amour.*

*Un Cœur qui differe
D'entrer en affaire
S'expose à manquer
Le temps de s'embarquer.
Vne ame commune
S'estonne d'abord,
Le soin l'importune,
Le calme l'endort,
Mais quelle fortune
Fait-on sans quelque effort ?
Est-il un commerce
Exempt de traverse ?
Chacun doit risquer.
Vn Cœur qui differe
D'entrer en affaire
S'expose à manquer
Le temps de s'embarquer.*

D ij

ALCESTE.

Céphise chante au milieu des Matelots.

Ieunes Cœurs laissez vous prendre,
Le peril est grand d'attendre
Vous perdez d'heureux moments
En cherchant à vous deffendre ;
Si l'Amour a des tourments
C'est la faute des Amants.

Vne Nymphe de la Mer chante avec Céphise.

Plus les ames sont rebelles,
Plus leurs peines sont cruelles,
Les plaisirs doux & charmants
Sont le prix des Cœurs fidelles :
Si l'Amour a des tourments
C'est la faute des Amants.

LICOMEDE A ALCESTE.

On vous appreste
Dans mon vaisseau
Vn divertissement nouveau.

LICOMEDE, & STRATON.

Venez voir ce que nostre Feste
Doit avoir de plus beau.

Licomede conduit Alceste dans son Vaisseau, Straton y meine Céphise, & dans le temps qu'Admete & Alcide y veulent passer, le Pont s'enfonce dans la Mer.

TRAGEDIE.

ADMETE, & ALCIDE.
Dieux le Pont s'abisme dans l'eau.

LE CHOEUR DES THESSALIENS.
Ah quelle trahison funeste.

ALCESTE, & CEPHISE.
Au secours, au secours.

ALCIDE.
Perfide...

ADMETE.
Alceste...

ALCIDE, & ADMETE.
Laissons les vains discours.
Au secours, au secours.

Les Thessaliens courent s'embarquer pour suivre Licomede.

LE CHOEUR DES THESSALIENS.
Au secours, au secours.

SCENE HVITIESME.

THETIS, ADMETE.

THETIS sortant de la Mer.

Espoux infortuné, redoute ma colere,
Tu vas haster l'instant qui doit finir tes jours;
C'est Thétis que la Mer revere,
Que tu vois contre toy du party de son Frere;
Et c'est à la mort que tu cours.

ALCESTE.
ADMETE courant s'embarquer.
Au secours, au secours.
THETIS.
Puisqu'on mesprise ma puissance,
Que les Vents deschaînez,
Que les Flots mutinez,
S'arment pour ma vengeauce.

Thétis rentre dans la Mer, & les Aquilons excitent une tempeste qui agite les Vaisseaux qui s'efforcent de poursuivre Licomede.

SCENE NEUFIESME.
EOLE, LES AQVILONS, LES ZEPHIRS.
EOLE.
LE Ciel protege les Heros:
Allez Admete, allez Alcide;
Le Dieu qui sur les Dieux preside
M'ordonne de calmer les Flots.
Allez poursuivez un Perfide.

Retirez-vous
Vents en couroux
Rentrez dans vos prisons profondes:
Et laissez regner sur les ondes
Les Zephirs les plus doux.

L'orage cesse, & les Vaisseaux d'Alcide & d'Admete poursuivent Licomede.

Fin du premier Acte.

ACTE SECOND.

Le Scene est dans l'Isle de Scyros, & le Theatre represente la Ville principale de l'Isle.

SCENE PREMIERE.

CEPHISE, STRATON.

CEPHISE.

Lceste ne vient point, & nous devons attendre.

STRATON.

Que peut-elle pretendre?
Pourquoy se tourmenter icy mal-à-propos?
Ses cris ont beau se faire entendre,
Peut-estre son Espoux a peri dans les flots,
Et nous sommes enfin dans l'Isle de Scyros.

CEPHISE.

Tu ne te plaindras point que j'en use de mesme;

ALCESTE.
Ie t'ay donné peu d'embarras,
Tu vois comme je suis tes pas.

STRATON.
Tu sçais dissimuler une colere extresme.

CEPHISE.
Et si je te disois que c'est toy seul que j'ayme?

STRATON.
Tu le dirois en vain, je ne te croirois pas.

CEPHISE.
Croy moy, si j'ay feint de changer
C'estoit pour te mieux engager.

Vn Rival n'est pas inutile,
Il réveille l'ardeur & les soins d'un Amant;
Vne conqueste facile
Donne peu d'empressement,
Et l'Amour tranquile
S'endort aisément.

STRATON.
Non, non, ne tente point une seconde ruse,
Ie voy plus clair que tu ne crois.
On excuse d'abord un Amant qu'on abuse,
Mais la sotise est sans excuse
De se laisser tromper deux fois.

CEPHISE.
N'est-il aucun moyen d'apaiser ta colere?

STRATON.

TRAGEDIE.

STRATON.

Confens à m'espouser, & sans retardement.

CEPHISE.

Une si grande affaire
Ne se fait pas si promptement
Un Himen qu'on differe
N'en est que plus charmant.

STRATON.

Vn Himen qui peut plaire
Ne couste guere,
Et c'est un nœud bien-tost formé;
Rien n'est plus aisé que de faire
Vn Espoux d'un Amant aimé.

CEPHISE.

Ie t'aime d'une amour sincere;
Et s'il est necessaire,
Ie m'offre à t'en faire un serment.

STRATON.

Amusement, amusement.

CEPHISE.

L'injuste enlevement d'Alceste
Attire dans ces lieux une guerre funeste,
Les plus braves des Grecs s'arment pour son secours:
Au milieu des cris & des larmes,
L'Himen a peu de charmes;
Attendons de tranquiles jours:

E

ALCESTE.
Les bruit affreux des armes
Effarouche bien les Amours.
STRATON.
Discours, discours, discours.
Tu n'as qu'à m'espouser pour m'oster tout ombrage,
Pourquoy differer davantage ?
A quoy servent tant de façons ?
CEPHISE.
Rends-moy la liberté pour m'espouser sans crainte ?
Un Himen fait avec contrainte
Est un mauvais moyen de finir tes soupçons.
STRATON.
Chansons, chansons, chansons.

SCENE SECONDE.
LICOMEDE, ALCESTE, STRATON, CEPHISE, Soldats de Licomede.
LICOMEDE.

ALlons, allons, la plainte est vaine.
ALCESTE.
Ah quelle rigueur inhumaine !
LICOMEDE.
Allons, je suis sourd à vos cris,
Ie me vange de vos mespris.

TRAGEDIE.
ALCESTE.
Quoy vous serez inexorable,
LICOMEDE.
Cruelle, vous m'avez apris
A devenir impitoyable.
ALCESTE.
Est-ce ainsi que l'amour a sceu vous émouvoir ?
Est-ce ainsi que pour moy vostre ame est attendrie ?
LICOMEDE.
L'Amour se change en Furie
Quand il est au desespoir.
Puis que je perds toute esperance,
Ie veux desesperer mon Rival à son tour;
Et les douceurs de la Vengeance
Ont dequoy consoler des rigueurs de l'Amour.
ALCESTE.
Voyez la douleur qui m'accable.
LICOMEDE.
Vous avez sans pitié regardé ma douleur.
Vous m'avez rendu miserable
Vous partagerez mon malheur.
ALCESTE.
Admete avoit mon cœur dés ma plus tendre enfance;
Nous ne connoissions pas l'Amour ny sa puissance,
Lors que d'un nœud fatal il vint nous enchaisner:
Ce n'est pas une grande offence
Que le refus d'un cœur qui n'est plus à donner.

ALCESTE
LICOMEDE.

Est-ce aux Amants qu'on desespere
A devoir rien examiner?
Non je ne puis vous pardonner
D'avoir trop sceu me plaire.
Que ne m'ont point cousté vos funestes attraits !
Ils ont mis dans mon cœur une cruelle flame,
Ils ont arraché de mon ame
L'innocence, & la paix.
Non, Ingrate, non, Inhumaine,
Non, quelle que soit vostre peine,
Non, je ne vous rendray jamais
Tous les maux que vous m'avez faits.

STRATON.

Voicy l'Ennemy qui s'avance
En diligence.

LICOMEDE.

Preparons-nous
A nous deffendre.

ALCESTE.

Ah Cruel, que n'espargnez vous
Le sang qu'on va respandre !

LYCOMEDE & ses Soldats.

Perissons tous
Plûtost que de nous rendre.

TRAGEDIE.

Licomede contraint Alceste d'entrer dans la Ville, Céphise la suit, & les Soldats de Licomede ferment la Porte de la Ville aussi-tost qu'ils y sont entrez.

Combattans assiegeans chantants. Messieurs Estival, Bernard, Tiphaine, Moreau, Poyadon, Pulvigny, Serignan, Fernon l'aisné, Perchot, Aubert, le Maire, Deveslois, Rebel, le Cointre, Lanneau, & Paisible.

Combattans deffendans chantants. Messieurs David, Aurat, Fernon cadet, la Forest, Duhamel, & Antonio.

Combattants assiegeans dançants. Messieurs Beauchamp, Mayeux, Favier l'aisné, & Faüre.

Combattans deffendans dançants. Messieurs Pezan, Chicanneau, Magny, & Noblet.

Hautbois assiegeans. Les Sieurs Hotteterre, Plumet, Duclos, & la Croix.

SCENE TROISIESME.

ADMETE, ALCIDE, LYCAS,
Soldats assiegeans.

ADMETE & ALCIDE.

Marchez, marchez, marchez,
Aprochez, Amis, aprochez,

ALCESTE.

Marchez, marchez, marchez.
Haſtons nous de punir des Traiſtres,
Rendons nous Maiſtres
Des Murs qui les tiennent cachez :
Marchez, marchez, marchez.

───────────────────────────

LICOMEDE, STRATON, Soldats aſſiegez.
ADMETE, ALCIDE, LYCHAS,
Soldats aſſiegeans.

LICOMEDE ſur les Rempars.

NE pretendez pas nous ſurprendre,
Venez, nous allons vous attendre :
Nous ferons tous noſtre devoir
Pour vous bien recevoir.

STRATON & les Soldats aſſiegez.

Nous ferons tous noſtre devoir
Pour vous bien recevoir.

ADMETE.

Perfide, évite un ſort funeſte,
On te pardonne tout ſi tu veux rendre Alceſte.

LICOMEDE.

J'ayme mieux mourir, s'il le faut,
Que de ceder jamais cét Objet plein de charmes.

ADMETE, & ALCIDE.

A l'aſſaut, à l'aſſaut.

LICOMEDE, & STRATON.

Aux armes, aux armes.

TRAGEDIE.
LES ASSIEGEANS.
A l'assaut, à l'assaut.
LES ASSIEGEZ.
Aux armes, aux armes.
ADMETE, ALCIDE, & LICOMEDE.
A moy, Compagnons, à moy.
ADMETE, & LICOMETE.
A moy, suivez vostre Roy.
ALCIDE.
C'est Alcide
Qui vous guide.
ADMETE, ALCIDE, & LICOMEDE.
A moy, Compagnons, à moy.
TOUS ENSEMBLE.
Donnons, donnons de toutes parts.
LES ASSIEGEANS.
Que chacun à l'envy combatte.
Que l'on abatte
Les Tours, & les Remparts.
TOUS ENSEMBLE.
Donnons, donnons de toutes parts.
LES ASSIEGEZ.
Que les Ennemis, pesle mesle,
Trébuchent sous l'affreuse gresle
De nos fléches, & de nos dards.
TOUS.
Donnons, donnons de toutes parts.

ALCESTE
*Courage, courage, courage,
Ils sont à nous, il sont à nous.*
ALCIDE.
*C'est trop disputer l'avantage,
Ie vais vous ouvrir un passage,
Suivez moy tous, suivez moy tous.*
TOUS ENSEMBLE.
*Courage, courage, courage,
Ils sont à nous, ils sont à nous.*
LES ASSIEGEANS.
*Achevons d'emporter la Place;
L'Ennemy commence à plier.
Main basse, main basse, main basse.*
LES ASSIEGEZ rendans les Armes.
Quartier, quartier, quartier.
LES ASSIEGEANS.
La Ville est prise.
LES ASSIEGEZ.
Quartier, quartier, quartier.
LYCHAS, terrassant STRATON.
Il faut rendre Céphise.
STRATON.
*Ie suis ton prisonnier,
Quartier, quartier, quartier.*

SCENE

SCENE CINQVIESME.

PHERES armé, & marchant avec peine.

Courage, Enfants, je suis à vous;
Mon bras va seconder vos coups:
Mais c'en est déja fait & l'on a pris la Ville;
La foiblesse de l'âge a retardé mes pas:
  La Valeur devient inutile
  Quand la force n'y respond pas.
   Que la vieillesse est lente,
   Les efforts qu'elle tente
   Sont toûjours impuissants:
  C'est une charge bien pesante
  Qu'un fardeau de quatre-vingts ans.

SCENE SIXIESME.

ALCIDE, ALCESTE, CEPHISE, PHERES,
LYCHAS, STRATON enchaisné.

ALCIDE A PHERES.

Rendez à vostre Fils cette aimable Princesse.

PHERES.

Ce don de vostre main seroit encor plus doux.

ALCIDE.

Allez, allez la rendre à son heureux Espoux.

ALCESTE.

ALCESTE.

Tout est soûmis, la guerre cesse ;
Seigneur, pourquoy me laissez-vous ?
Quel nouveau soin vous presse ?

ALCIDE.

Vous n'avez rien à redouter,
Je vais chercher ailleurs des Tirans à dompter.

ALCESTE.

Les nœuds d'une Amitié pressante
Ne retiendront-ils point vostre ame impatiente ?
Et la Gloire toûjours vous doit-elle emporter ?

ALCIDE.

Gardez-vous bien de m'arrester.

ALCESTE.

C'est vostre Valeur triomphante
Qui fait le sort charmant que nous allons goûter ;
Quelque douceur que l'on ressente,
Un Amy tel que vous l'augmente,
Voulez-vous si-tost nous quitter ?

ALCIDE.

Gardez-vous bien de m'arrester,
Laissez, laissez-moy fuïr un charme qui m'enchante :
Non, toute ma Vertu n'est pas assez puissante
Pour respondre d'y resister.
Non, encore une fois, Princesse trop charmante,
Gardez-vous bien de m'arrester.

SCENE SEPTIESME.

ALCESTE, PHERES, CEPHISE.
A TROIS.

Cherchons Admete promptement.
ALCESTE.
Peut-on chercher ce qu'on aime
Avec trop d'empreſſement !
Quand l'amour eſt extreſme,
Le moindre eſloignement
Eſt un cruel tourment.

ALCESTE, PHERES, & CEPHISE.
Cherchons admete promptement.

SCENE HVITIESME.

ADMETE bleſſé. CLEANTE, ALCESTE, PHERES, CEPHISE, Soldats.

ALCESTE.
O Dieux ! quel ſpectacle funeſte ?
CLEANTE.
Le Chef des Ennemis mourant, & terraſſé,
De ſa rage expirante a ramaſſé le reſte,
Le Roy vient d'en eſtre bleſſé.

F ij

ALCESTE.
ADMETE.

Ie meurs, charmante Alceste,
Mon sort est assez doux
Puis que je meurs pour vous.

ALCESTE.
C'est pour vous voir mourir que le Ciel me délivre!

ADMETE.
Avec le nom de vostre Espoux
I'eusse esté trop heureux de vivre
Mon sort est assez doux
Puisque je meurs pour vous.

ALCESTE.
Est-ce là cét Himen si doux, si plein d'appas,
Qui nous promettoit tant de charmes?
Faloit-il que si-tost l'aveugle sort des armes
Tranchast des nœuds si beaux par un affreux trépas?
Est-ce là cét Himen si doux, si plein d'appas
Qui nous promettoit tant de charmes?

ADMETE.
Belle Alceste ne pleurez pas,
Tout mon sang ne vaut point vos larmes.

ALCESTE.
Est-ce là cét Himen si doux, si plein d'appas,
Qui nous prometoit tant de charmes?

ADMETE.
Alceste, vous pleurez.

ALCESTE.
Admete, vous mourez.

TRAGEDIE.
ADMETE, & ALCESTE ensemble.
Alceste, vous pleurez,
Admete, vous mourez.
ALCESTE.
Se peut-il que le Ciel permette,
Que les cœurs d'Alceste & d'Admete
Soient ainsi separez ?
ADMETE, & ALCESTE.
Alceste, vous pleurez,
Admete, vous mourez.

SCENE NEVFIESME.

APOLLON, LES ARTS, ADMETE, ALCESTE, PHERES, CEPHISE, CLEANTE, Soldats.

APOLLON environné des Arts.

LA Lumiere aujourd'uy te doit estre ravie;
Il n'est qu'un seul moyen de prolonger ton sort;
Le Destin me promet de te rendre la vie,
Si quelqu'Autre pour toy veut s'offrir à la mort.
Reconnoist si quelqu'un t'aime parfaitement;
Sa mort aura pour prix une immortelle gloire:
Pour en conserver la memoire.
Les Arts vont élever un pompeux Monument.

Fin du second Acte.

ACTE TROISIESME.

Le Theatre est un grand Monument élevé par les Arts. Vn Autel vuide paroist au milieu pour servir à porter l'Image de la personne qui s'immolera pour Admete.

SCENE PREMIERE.

ALCESTE, PHERES, CEPHISE.

ALCESTE.

AH pourquoy nous separez-vous ?
Eh du moins attendez que la Mort nous separe ;
Cruels, quelle pitié barbare
Vous presse d'arracher Alceste à son Espoux ?
Ah pourquoy nous separez-vous ?

PHERES, & CEPHISE.

Plus vostre Espoux mourant voit d'amour, & d'appas,
Et plus le jour qu'il perd luy doit faire d'envie ;

TRAGEDIE.

Ce sont les douceurs de la vie
Qui font les horreurs du trépas.

ALCESTE.

Les Arts n'ont point encore achevé leur ouvrage;
Cét Autel doit porter la glorieuse Image
De qui signalera sa foy
En mourant pour sauver son Roy.

Le prix d'une gloire immortelle
Ne peut-il toucher un grand Cœur?
Faut-il que la Mort la plus belle
Ne laisse pas de faire peur?

A quoy sert la foule importune
Dont les Roys sont embarassez?
Un coup fatal de la Fortune
Escarte les plus empressez.

ALCESTE, PHERES, & CEPHISE.

De tant d'Amis qu'avoit Admete
Aucun ne vient le secourir;
Quelque honneur qu'on promette
On le laisse mourir.

PHERES.

I'aime mon Fils, je l'ay fait Roy;
Pour prolonger son sort je mourrois sans effroy,
Si je pouvois offrir des jours dignes d'envie:
Ie n'ay plus qu'un reste de vie,
Ce n'est rien pour Admete, & c'est beaucoup pour moy.

ALCESTE
CEPHISE.

Les Honneurs les plus éclatants
En vain dans le Tombeau promettēt de nous suivre?
La mort est affreuse en tout temps :
Mais peut-on renoncer à vivre
Quand on n'a vescu que quinze ans?
ALCESTE.
Chacun est satisfait des excuses qu'il donne :
Cependant on ne voit personne
Qui pour sauver Admete ose perdre le jour ;
Le Devoir, l'Amitié, le Sang, tout l'abonnne,
Il n'a plus d'espoir qu'en l'Amour.

SCENE SECONDE.

PHERES, LE CHOEUR, CLEANTE.

PHERES.

Voyons encor mon Fils, allons, hastons nos pas;
Ses yeux vont se couvrir d'eternelles tenebres.
LE CHOEUR.
Helas ! helas, helas !
PHERES.
Quels cris ! quelles plaintes funebres !
LE CHOEUR.
Helas ! helas ! helas !
PHERES.
Où vas-tu ? Cleante, demeure.

CLEANTE

TRAGEDIE.
CLEANTE.
Helas! helas!
Le Roy touche à sa derniere heure,
Il s'affoiblit, il faut qu'il meure,
Et je viens pleurer son trespas
Helas! helas!
LE CHOEUR.
Helas! helas! helas!
PHERES.
On le plaint, tout le monde pleure,
Mais nos pleurs ne le sauvent pas.
Helas! helas!
LE CHOEUR.
Helas! helas! helas!

SCENE TROISIESME.
LE CHOEUR, ADMETE, PHERES, CLEANTE.
LE CHOEUR.
O Trop heureux Admete!
Que vostre sort est beau!
PHERES & CLEANTE.
Quel changement! quel bruit nouveau!
LE CHOEUR.
O trop heureux Admete!
Que vostre sort est beau!
PHERES & CLEANTE voyant Admete guery,
L'effort d'une Amitié parfaite
L'a sauvé du Tombeau.

G

ALCESTE.
PHERES *embrassant Admete.*

O trop heureux Admete !
Que vostre sort est beau !
LE CHOEUR.
O trop heureux Admete !
Que vostre sort est beau !
ADMETE.
Qu'une Pompe funebre
Rende à jamais celebre
Le genereux effort
Qui m'arrache à la Mort.

Alceste n'aura plus d'allarmes,
Ie reverray ses yeux charmants
A qui j'ay cousté tant de larmes :
Que la vie a de charmes
Pour les heureux Amants.
Achevez, Dieux des Arts, faites-nous voir l'Image
Qui doit éternifer la grandeur de courage
De qui s'est immolé pour moy ;
Ne differez point d'avantage...
Ciel ! ô Ciel ! qu'est-ce que je voy ?

L'Autel s'ouvre, & l'on voit sortir l'Image d'Alceste qui se perce le sein.

SCENE QVATRIE´ME.

CE´PHISE, ADMETE, PHERES, CLEANTE,
LE CHOEVR.

CE´PHISE.

Alceste est morte.

ADMETE.
Alceste est morte!

LE CHOEUR.
Alceste est morte.

CE´PHISE.
Alceste a satisfait les Parques en couroux ;
Vostre Tombeau s'ouvroit, elle y descend pour vous,
Elle-mesme a voulu vous en fermer la porte ;
Alceste est morte.

ADMETE.
Alceste est morte !

LE CHOEUR.
Alceste est morte.

CE´PHISE.
I'ay couru, mais trop tard pour arrester ses coups :
Iamais en faveur d'un Espoux
On ne verra d'ardeur si fidelle & si forte ;
Alceste est morte.

ADMETE.
Alceste est morte !

LE CHOEUR.
Alceste est morte.

ALCESTE.
CEPHISE.

Sujets, Amis, Parents, vous abandonnoient tous,
Sur les Droits les plus forts, sur les Nœuds les plus
doux,
L'Amour, le tendre Amour l'emporte :
Alceste est morte.

ADMETE.

Alceste est morte !

LE CHOEUR.

Alceste est morte.

Admete tombe accablé de douleur entre les bras de sa suite.

SCENE CINQVIESME.

Troupe de Femmes affligées, & Troupe d'Hommes desolez.

Conductrice de la Pompe funebre. Mademoiselle Ferdinand cadette.

Hommes affligez chantans. Messieurs Godonesche, Bernard, Perchot, Aubert, Moreau, Poyadon, le Roy, le Maire, Tiphaine, David, Fernon cadet, le Cointre, Rebel, Serignan, Lanneau, & Paisible.

Femmes affligées chantantes. Mesdemoiselles Ferdinand l'aisnée, & Piesche.

TRAGEDIE.

Hommes desolez dançants. Monsieur Dolivet. Messieurs Bonnard, Arnal, Joubert, Lestang, & Favier cadet.

Six Flutes. Les Sieurs Philbert, Descotteaux, Piesche fils l'aisné, Hotteterre, Philidor, & du Clos.

TOUS ENSEMBLE.

FOrmons les plus lugubres chants,
Et les regrets les plus touchants.

UNE FEMME AFFLIGE'E.

La Mort, la Mort barbare,
Détruit aujourd'huy mille appas.
Quelle Victime, helas!
Fut jamais si belle, & si rare?
La Mort, la Mort barbare
Détruit aujourd'huy mille appas.

UN HOMME DESOLE'.

Alceste si jeune & si belle,
Court se precipiter dans la Nuit eternelle,
Pour sauver ce qu'elle aime elle a perdu le jour.

LE CHOEUR.

O trop parfait Modele
D'une Espouse fidelle!
O trop parfait Modele
D'un veritable Amour.

UNE FEMME AFFLIGE'E.

Que nostre zele se partage;
Que les uns par leurs chants celebrent son courage,
Que d'autres par leurs cris déplorent ses malheurs.

ALCESTE.
LE CHOEUR.
Rendons hommage
A son Image ;
Iettons des fleurs,
Versons des pleurs,
UNE FEMME AFFLIGE'E.
Alceste, la Charmante Alceste,
La fidelle Alceste n'est plus.
LE CHOEUR.
Alceste, la charmante Alceste,
La fidelle Alceste n'est plus.
UNE FEMME AFFLIGE'E.
Tant de beautez, tant de vertus,
Meritoient un sort moins funeste.
LE CHOEUR.
Alceste, la charmante Alceste,
La fidelle Alceste n'est plus,
Rompons, brisons le triste reste
De ces Ornemens superflus.

Que nos pleurs, que nos cris renouvellent sans cesse
Allons porter par tout la douleur qui nous presse.

SCENE SIXIESME.
ADMETE, PHERES, CEPHISE,
CLEANTE, Suite.
ADMETE *revenu de son évanoüissement,*
& se voyant desarmé.

*S*Ans Alceste, sans ses appas
Croyez-vous que je puisse vivre ?

Laissez-moy courir au Trespas
Où ma chere Alceste se livre:
Sans Alceste, sans ses appas,
Croyez-vous que je puisse vivre?
C'est pour moy qu'elle meurt, helas!
Pourquoy m'empescher de la suivre?
Sans Alceste, sans ses appas,
Croyez-vous que je puisse vivre?

SCENE SEPTIESME.
ALCIDE, ADMETE, PHERES,
CEPHISE, CLEANTE.

ALCIDE.

TU me vois arresté sur le point de partir
Par les tristes clameurs qu'on entend retentir.

ADMETE.

Alceste meurt pour moy par un amour extrémé,
Ie ne reverray plus les yeux qui m'ont charmé:
Helas! j'ay perdu ce que j'aime
Pour avoir trop aimé.

ALCIDE.

I'aime Alceste, il est temps de ne m'en plus deffendre;
Elle meurt, ton amour n'a plus rien à pretendre;
Admete, cede moy la Beauté que tu perds:
Au Palais de Pluton j'entreprends de descendre:
I'iray jusqu'au fonds des Enfers
Forcer la Mort à me la rendre.

ALCESTE
ADMETE.
Je verrois encore ses beaux yeux ?
Allez, Alcide, allez, revenez glorieux,
Obtenez qu'Alceste vous suive :
Le Fils du plus puissant des Dieux
Est plus digne que moy du bien dont on me prive.
Allez, allez, ne tardez pas,
Arrachez Alceste au Trespas,
Et ramenez au jour son Ombre fugitive ;
Qu'elle vive pour Vous avec tous ses appas,
Admete est trop heureux pourveu qu'Alceste vive.

PHERES, CEPHISE, CLEANTE.
Allez, allez, ne tardez pas,
Arrachez Alceste au Trespas.

SCENE HUITIESME.
DIANE, MERCVRE, ALCIDE, ADMETE,
PHERES, CEPHISE, CLEANTE.

DIANE.
LE Dieu dont tu tiens la naissance
Oblige tous les Dieux d'estre d'intelligence
En faveur d'un dessein si beau ;
Ie viens t'offrir mon assistance,
Et Mercure s'avance.
Pour t'ouvrir aux Enfers un passage nouveau.

L'Enfer s'ouvre, & Alcide y descend.

Fin du troisiesme Acte.

ACTE

ACTE QUATRIESME.
Le Theatre represente le Fleuve d'Acheron,
& ses sombres Rivages.

SCENE PREMIERE.
CHARON, LES OMBRES.

CHARON, ramant dans sa Barque.

Il faut passer tost ou tard,
Il faut passer dans ma Barque,
On y vient jeune ou vieillard,
Ainsi qu'il plaist à la Parque,
On y reçoit sans égard,
Le Berger, & le Monarque.
Il faut passer tost ou tard,
Il faut passer dans ma Barque.

Vous qui voulez passez, venez, Manes errants,
Venez, avancez, tristes Ombres,
Payez le tribut que je prens,

H

ALCESTE
Ou retournez errer sur ces Rivages sombres.
LES OMBRES.
Passe-moy, Charon, passe-moy.
CHARON.
Il faut auparavant que l'on me satisfasse,
On doit payer les soins d'un si penible employ.
LES OMBRES.
Passe-moy, Charon, passe-moy.

Charon fait entrer dans sa Barque les Ombres qui ont dequoy payer.

CHARON.
Donne, passe, donne, passe,
Demeure toy.
Tu n'as rien, il faut qu'on te chasse.
UNE OMBRE REBUTE'E.
Une ombre tient si peu de place.
CHARON.
Ou paye, ou tourne ailleurs tes pas.
L'OMBRE.
De grace, par pitié, ne me rebutte pas.
CHARON.
La pitié n'est point icy bas,
Et Charon ne fait point de grace.
L'OMBRE.
Helas! Charon, helas! helas!
CHARON.
Crie helas! tant que tu voudras,
Rien pour rien, en tous lieux est une loy suivie:

TRAGEDIE.

Les mains vuides sont sans appas,
Et ce n'est point assez de payer dans la vie,
Il faut encor payer au delà du Trépas.

L'OMBRE en se retirant.

Helas ! Charon, helas ! helas !

CHARON.

Il m'importe peu que l'on crie
Helas ! Charon, helas ! helas !
Il faut encor payer au delà du Trépas.

SCENE SECONDE.
ALCIDE, CHARON, LES OMBRES.

ALCIDE sautant dans la Barque.

Sortez, Ombres, faites-moy place,
Vous passerez une autre fois.

Les Ombres s'enfuient.

CHARON.

Ah ma Barque ne peut souffrir un si grand poids !

ALCIDE.

Allons, il faut que l'on me passe.

CHARON.

Retire-toy d'icy, Mortel, qui que tu sois,
Les Enfers irritez puniront ton audace.

ALCIDE.

Passe-moy, sans tant de façons.

CHARON.

L'eau nous gagne, ma Barque creve.

ALCESTE
ALCIDE.
Allons, rame, dépesche, acheve.
CHARON.
Nous enfonçons.
ALCIDE.
Passons, passons.

SCENE TROISIESME.

Le Theatre change, & represente le Palais de Pluton.

PLVTON, PROSERPINE, L'OMBRE D'ALCESTE, Suivans de Pluton.

Troupe de Demons chantants. Messieurs Estival, Bernard, Frizon, Moreau, Poyadon, le Maire, Deveslois, la Forest, le Cointre, Gingan cadet, Serignan, Tiphaine, Pulvigny, & Fernon l'aisné.

Troupe de Demons dançants. Monsieur Beauchamps seul. Messieurs Pezan, Mayeux, Foignard l'aisné, Foignard cadet, Faüre, Magny, Favier l'aisné, Favier cadet, Joubert, & Arnal.

PLUTON sur son Trône.

REçoy le juste prix de ton amour fidelle ;
Que ton Destin nouveau soit heureux à jamais:
Commence de goûter la douceur eternelle
  D'une profonde paix.

TRAGEDIE.

SUIVANS DE PLUTON.

Commence de gouster la douceur eternelle
D'une profonde paix.

PROSERPINE à costé de PLUTON.

L'Espouse de Pluton te retient auprés d'elle :
Tous tes vœux seront satisfaits.

SUIVANS DE PLUTON.

Commence de gouster la douceur eternelle
D'une profonde paix.

PLUTON & PROSERPINE.

En faveur d'une Ombre si belle,
Que l'Enfer fasse voir tout ce qu'il a d'attraits.

Les Suivans de Pluton se réjoüissent de la venuë d'Alceste dans les Enfers par une espece de Feste.

SUIVANS DE PLUTON.

Tout mortel doit icy paroistre,
On ne peut naistre
Que pour mourir :
De cent maux le Trépas delivre ;
Qui cherche à vivre
Cherche à souffrir.
Venez tous sur nos sombres bords.
Le Repos qu'on desire
Ne tient son Empire
Que dans le sejour des Morts.

ALCESTE.

Chacun vient icy bas prendre place,
    Sans cesse on y passe,
    Iamais on n'en sort.
C'est pour tous une loy necessaire ;
    L'effort qu'on peut faire
    N'est qu'un vain effort :
      Est on sage
    De fuïr ce passage ?
      C'est un orage
    Qui meine au Port.

Chacun vient icy bas prendre place,
    Sans cesse on y passe,
    Iamais on n'en sort.
    Tous les charmes,
    Plaintes, cris, larmes,
    Tout est sans armes
    Contre la Mort.
Chacun vient icy bas prendre place,
    Sans cesse on y passe,
    Jamais on n'en sort.

SCENE QUATRIESME.
ALECTON, PLVTON, PROSERPINE, L'OMBRE D'ALCESTE, Suivans de Pluton.

ALECTON.

Quittez, quittez les Ieux, songez à vous deffendre,
Contre un Audacieux unissons nos efforts :
Le Fils de Iupiter vient icy de descendre
Seul, il ose attaquer tout l'Empire des Morts.

PLUTON.

Qu'on arreste ce Temeraire,
Armez-vous, Amis, armez-vous,
Qu'on deschaine Cerbere,
Courez tous, courez tous.

ALECTON.

Son bras abat tout ce qu'il frape.
Tout cede à ses horribles coups.
Rien ne resiste, rien n'eschape.

SCENE CINQVIESME.

ALCIDE, PLVTON, PROSERPINE,
ALECTON, Suivans de Pluton.

PLUTON voyant Alcide qui enchaîne Cerbere.

INsolent jusqu'icy braves-tu mon couroux?
 Quelle injuste audace t'engage,
 A troubler la paix de ces lieux?

ALCIDE.

Ie suis né pour dompter la rage
Des Monstres les plus furieux.

PLUTON.

Est-ce le Dieu jaloux qui lance le Tonnere
 Qui t'oblige à porter la guerre
 Iusqu'au centre de l'Univers?
Il tient en son pouvoir & le Ciel & la Terre
Veut-il encor ravir l'Empire des Enfers:

ALCIDE.

Non, Pluton, regne en paix, joüis de ton partage;
Ie viens chercher Alceste en cet affreux Séjour
 Permets que je la rende au jour.
 Ie ne veux point d'autre avantage.
  Si c'est te faire outrage
 D'entrer par force dans ta Cour,
  Pardonne à mon Courage
  Et fais grace à l'Amour.

PROSERPINE.

PROSERPINE.

Un grand Cœur peut tout quand il aime,
Tout doit ceder à son effort.
C'est un Arrest du Sort,
Il faut que l'Amour extresme
Soit plus fort
Que la Mort.

PLUTON.

Les Enfers, Pluton luy-mesme,
Tout doit en estre d'accord;
Il faut que l'Amour extresme
Soit plus fort
Que la Mort.

SUIVANS DE PLUTON.

Il faut que l'Amour extresme
Soit plus fort
Que la Mort.

PLUTON.

Que pour revoir le jour l'Ombre d'Alceste sorte;
Prenez place tous deux au Char dont je me sers;
Qu'au gré de vos vœux, il vous porte;
Partez, les chemins sont ouverts.
Qu'une volante Escorte
Vous conduise au travers
Des noires vapeurs des Enfers.

Fin du quatriesme Acte.

ACTE CINQUIESME.

Peuples de la Grece assemblez pour recevoir Alcide Triomphant des Enfers.

Peuples Grecs chantants.
Messieurs Estival, Bernard, Perchot, Aubert, Frizon, Moreau, Godonesche, Poyadon, Tiphaine cadet, David, Fernon cadet, le Maire, Deveslois, le Cointre, Gingan cadet, Rebel, Lanneau & Paisible.

Bergers dançants. Monsieur Beauchamps seul.
Messieurs Faüte, & Maghy.

Bergeres. Messieurs Bonnart, & Noblet.

Pastres dançants. Messieurs Foignard l'aisné, Foignard cadet, Pezan, & Joubert.

Fluttes dans la Gloire. Les Sieurs Philbert, Descotteaux, Piesche fils l'aisné, Hotteterre, Philidor, & du Clos.

SCENE PREMIERE.
ADMETE, LE CHOEVR.
ADMETE.

Alcide est vainqueur du Trespas,
L'Enfer ne luy resiste pas.
Il rameine Alceste vivante;
Que chacun chante,
Alcide est vainqueur du Trespas,
L'Enfer ne luy resiste pas.

LE CHOEUR sur l'Arc de Triomphe & sur les Amphiteatres.

Alcide est vainqueur du Trépas
L'Enfer ne luy resiste pas.

ADMETE.

Quelle douleur secrette
Rend mon ame inquiette,
Et trouble mon amour.
Alceste voit encor le jour.
Mais c'est pour un autre qu' Admete.

LE CHOEUR.

Alcide est vainqueur du Trépas
L'Enfer ne luy resiste pas.

ADMETE.

Ah du moins cachons ma tristesse ;
Alceste dans ces Lieux rameine les plaisirs.
Ie dois rougir de ma foiblesse
Quelle honte à mon cœur de mesler des souspirs
Avec tant de cris d'allegresse.

LE CHOEUR.

Alcide est vainqueur du Trépas
L'Enfer ne luy resiste pas.

ADMETE.

Par une ardeur impatiente
Courons, & dévançons ses pas.
Il rameine Alceste vivante,
Que chacun chante.

ALCESTE.
ADMETE & LE CHOEUR.
Alcide est vainqueur du Trépas.
L'Enfer ne luy resiste pas.

SCENE SECONDE.

LYCHAS, STRATON enchaisné.
STRATON.

Ne m'osteras-tu point la chaîne qui m'accable,
Dans ce jour destiné pourtant d'aimables jeux?
Ah qu'il est rigoureux
D'estre seul miserable
Quand on voit tout le monde heureux.
LYCHAS mettant Straton en liberté.
Aujourd'huy qu' Alcide rameine
Alceste des Enfers,
Ie veux finir ta peine.
Qu'on ne porte plus d'autres fers
Que ceux dont l'Amour nous enchaîne.
STRATON & LYCHAS.
Qu'on ne porte plus d'autres fers
Que ceux dont l'Amour nous enchaîne.

SCENE TROISIESME.

CEPHISE, LYCHAS, STRATON.
LYCHAS & STRATON.
Voy, Céphise, voy qui de nous

TRAGEDIE.
Peut rendre ton destin plus doux,
Et termine enfin nos querelles.
LICHAS.
Mes amours seront eternelles.
STRATON.
Mon cœur ne sera plus jaloux.
LICHAS, & STRATON.
Entre deux Amants fidelles,
Choisis un heureux Espoux.
CEPHISE.
Je n'ay point de choix à faire;
Parlons d'aimer & de plaire,
Et vivons toujours en paix.
L'Himen détruit la tendresse,
Il rend l'Amour sans attraits;
Voulez-vous aimer sans cesse,
Amants, n'espousez jamais.
CEPHISE, LICHAS, & STRATON.
L'Himen détruit la tendresse,
Il rend l'Amour sans attraits;
Voulez-vous aimer sans cesse,
Amants n'espousez jamais.
CEPHISE.
Prenons part aux transports d'une joye éclatante:
Que chacun chante.

ALCESTE.
TOUS ENSEMBLE.
Alcide est vainqueur du Trépas
L'Enfer ne luy resiste pas.
Il rameine Alceste vivante :
Que chacun chante
Alcide est vainqueur du Trépas
L'Enfer ne luy resiste pas.

SCENE QUATRIESME.
ALCIDE, ALCESTE, ADMETE, CEPHISE, LYCHAS, STRATON, PHERES, CLEANTE, LE CHOEUR.

ALCIDE.

Pour une si belle victoire
Peut-on avoir trop entrepris ?
Ah qu'il est doux de courir à la gloire
Lors que l'Amour en doit donner le prix !
Vous détournez vos yeux ! je vous trouve insensible ?
Admete a seul icy vos regards les plus doux ?

ALCESTE.

Je fais ce qui m'est possible
Pour ne regarder que vous.

ALCIDE.

Vous devez suivre mon envie,
C'est pour moy qu'on vous rend le jour.

TRAGEDIE.

ALCESTE.
Je n'ay pû reprendre la vie
Sans reprendre aussi mon amour.

ALCIDE.
Admete en ma faveur vous a cedé luy-mesme.

ADMETE.
Alcide pouvoit seul vous oster au Trépas.
Alceste, vous vivez, je revoy vos appas,
Ay-je pû trop payer cette douceur extresme.

ADMETE, & ALCESTE.
Ah que ne fait-on pas
Pour sauver ce qu'on aime !

ALCIDE.
Vous soûpirez tous deux au gré de vos desirs ;
Est-ce ainsi qu'on me tient parole ?

ADMETE, & ALCESTE ensemble.
Pardonnez aux derniers soupirs
D'un mal-heureux Amour qu'il faut qu'on vous
immole.

Alceste } *il ne faut plus nous voir.*
Admete }

D'un autre que { *de moy vostre sort* } *doit dépendre*
                 { *de vous mon destin* }

Il faut dans les grands Cœurs que l'Amour le plus
tendre
Soit la Victime du Devoir.

ALCESTE.

Alceste } il ne faut plus nous voir.
Admete

Admete se retire, & Alceste offre sa main à Alcide qui arreste Admete, & luy cede la main qu'Alceste luy presente.

ALCIDE.

Non, non, vous ne devez pas croire
Qu'un Vainqueur des Tirans soit Tiran à son tour:
Sur l'Enfer, sur la Mort, j'emporte la victoire;
Il ne manque plus à ma gloire
Que de triompher de l'Amour.

ADMETE, & ALCESTE.

Ah quelle gloire extresme!
Quel heroïque effort!
Le Vainqueur de la Mort
Triomphe de luy-mesme.

SCENE CINQUIESME.
APOLLON, LES MVSES, LES IEVX,
ALCIDE, ADMETE, ALCESTE,
ET LEUR SUITE.

Apollon paroit dans un Palais éclatant au milieu des Muses & des Jeux qu'il ameine pour prendre part à la joye d'Admete & d'Alceste, & pour celebrer le Triomphe d'Alcide.

APOLLON.

TRAGEDIE.
APOLLON.

Les Muses & les Ieux s'empressent de descendre,
Apollon les conduit dans ces aimables Lieux.
Vous, à qui j'ay pris soin d'apprendre
A chanter vos Amours sur le ton le plus tendre,
Bergers, chantez avec les Dieux.
Chantons, chantons, faisons entendre
Nos Chansons jusques dans les Cieux.

SCENE SIXIESME,
ET DERNIERE.

Vne Troupe de Bergers & de Bergeres, & une Troupe de Pastres, dont les uns chantent & les autres dancent, viennent par l'ordre d'Apollon contribuer à la réjoüissance.

LES CHOEURS DES MUSES, DES THESSALIENS, & des Bergers chantent ensemble.

Chantons, chantons, faisons entendre
Nos Chansons jusques dans les Cieux.

Straton chante au milieu des Pastres dançants.

A Quoy bon
Tant de raison
Dans le bel âge?
A quoy bon

ALCESTE.

  Tant de raison
  Hors de saison ?
 Qui craint le danger
  De s'engager
 Est sans courage :
 Tout rit aux Amants,
  Les Jeux charmants
  Sont leur partage :
Tost, tost, tost, soyons contents ;
  Il vient un temps
  Qu'on est trop sage.

Céphise chante au milieu des Bergers & des Bergeres qui dançent.

 C'Est la saison d'aimer
  Quand on sçait plaire,
 C'est la saison d'aimer
  Quand on sçait charmer.
Les plus beaux de nos jours ne durent guere,
Le sort de la Beauté nous doit allarmer ;
Nos Champs n'ont point de Fleur plus passagere ;
 C'est la saison d'aimer
  Quand on sçait plaire,
 C'est la saison d'aimer
  Quand on sçait charmer.
 Vn peu d'amour est necessaire,
Il n'est jamais trop tost de s'enflamer ;
Nous donne-ton un cœur pour n'en rien faire ?

TRAGEDIE.

C'est la saison d'aimer
Quand on sçait plaire,
C'est la saison d'aimer
Quand on sçait charmer.

La Troupe des Bergers dance avec la Troupe des Pastres. Les Chœurs se respondent les uns aux autres, & s'unissent enfin tous ensemble.

LES CHŒURS.

Triomphez, genereux Alcide,
Aimez en paix heureux Espoux.

Que { *toûjours la Gloire* } *vous guide.*
      { *sans cesse l'Amour* }

Joüissez à jamais des { *honneurs* } *les plus doux.*
                        { *plaisirs* }

Triomphez, genereux Alcide,
Aimez en paix heureux Espoux.

Fin du cinquiesme & dernier Acte.

www.ingramcontent.com/pod-product-compliance
Lightning Source LLC
LaVergne TN
LVHW051505090426
835512LV00010B/2351